生涯学習ブックレット

道徳は実行がいのち

私の求道の半生

澤田 栄作

目次

道徳は実行がいのち ――私の求道の半生

表紙・扉デザイン——株式会社 長正社

徳を積んでくれた父母

私の父・治朗吉《じろきち》は、近衛《このえ》連隊除隊後の大正五年、三十歳の時、商売を始めたいと思い立ち、岩佐家より澤田家に婿《むこ》養子として入りました。当時、母・むめは二十歳です。父は「仏の治朗吉さん」といわれるほどの性格でした。

父はよく私に、二十代半ばまで東京の近衛連隊にいたことを自慢げに話してくれたものでした。しかし、当時の幼い私には、近衛連隊が、いったいどのような隊なのかさっぱり分かりません。のちに知ったことですが、当時、近衛連隊に選ばれることは、思想、家柄、体格、容姿など、事前の審査が厳しく、郡内にも幾名もいない、たいへん名誉なことだったのです。

母は、澤田家の長女としてその責任を感じ、たいへん苦労をして育ったといいます。母は信仰心が篤《あつ》く、たいへん世話好きな人でした。菩提寺へのご奉仕はもちろんのこと、終戦直後の物資のなかったころのことではありますが、手紙を届けてくれた郵便配達員にも、「ご飯を食べていきなさい」というような人でした。私は、この父母が徳を積んでくれたおかげで、今の澤田家があると思っています。

母・むめ

父・治朗吉

この父母のもと、私は八人きょうだいの三男として、昭和八年十月六日、岐阜県稲葉郡北長森（昭和十五年に岐阜市と合併）で生を享《う》けました。八人きょうだいの上から四人が女姉妹で、下の四人が男兄弟です。長男の澤田栄一は三歳で死去しましたが、その後の私たちきょうだいを常に見守ってくれていると感じています。

次男は澤田栄治で、現㈱マルエイ会長として、マルエイグループ躍進の元祖であり、大功労者です。三男の私を挟んで、一番下の四男が澤田純二で、東京で十年ほど商売の修業をした後、昭和三十八年からマルエイの事業に参加し、グループ発展のために頑張ってくれました。弟は丸栄石油㈱とマルエイ運輸㈱の社長を務めた後、現在はマルエイ運輸㈱の相談役をしてくれています。

名前の由来

私が生まれた当時の両親は、農家をしながらも農産物問屋と薪炭屋《しんたんや》を営んでいました。

もともと澤田家が商売を始めたのは、明治十八年頃からです。祖父の澤田栄吉が、農業を営みながら農産物問屋として、近所の農家から農産物を分けていただいて町で売ったり、遠くは郡上八幡《ぐじょうはちまん》、白鳥、飛騨の高山まで売りに行き、帰りに薪《たきぎ》や炭《すみ》を仕入れて車に積んで帰ってきて近所の農家に売るという、いわゆるノコギリ商いをしておりました。当初は天秤棒を担いで行き来していた商売も、後に荷車、馬車、トラックへと変わり、着実に業績を伸ばしていったのです。

両親が私に「栄作」と名付けたのは、そんなやり手の祖父・栄吉と、その栄吉には善作という、これもまたやり手の弟がおり、栄吉の「栄」の字と善作の「作」の字を合わせれば、将来、きっとすばらしい男になるだろうと考えたからなのです。

昭和三十九年、佐藤栄作さんが総理大臣になられましたが、同じ名前の私は飛び上がって喜びました。

初代の栄吉の後を、二代目で努力家の父の治朗吉が継ぎ、そして三代目社長は兄の澤田栄治現会長、私も四代目の社長を務めさせていただきました。そして、平成十三年六月より、栄治会長の長男である若い栄一社長にバトンを渡しました。

道徳は実行がいのち

モラロジーがどんなにすばらしい教えであっても、結局、それを実行するかしないかで、その結果は大きく変わってきます。

平成十四年の三月、私はあるモラロジー事務所主催の心の生涯学習セミナーにおいてお話をさせていただいたところ、数日すると一通のお手紙を頂戴しました。

拝啓　色とりどりの花が咲き競う季節となりました。初めてお手紙を書かせていただきます。私は□□モラロジー事務所でお世話になっております○○と申します。四十七歳で、洋菓子の製造販売および喫茶の店を経営しております。開店して十年になります。

先日の□□事務所主催の心の生涯学習セミナーにおかれましては、たいへん貴重なお話をしていただきありがとうございました。

このセミナーの行われる前、二月初旬に、私は当店の女性スタッフと些細《ささい》なことから言い争うこととなりました。彼女は、店の開店から入っていただいているスタッフとして、販売人として、働いていただいていました。いつもおとなしい性格の方なので、また、長年いてくれるので、私の考えを分かってくれているものと思い込み、私が調子にのって言い過ぎたのが原因で、彼女は三月末で退社すると言ってきました。そのときになって初めて、たいへんな事態になっていることに気がつきましたが、どうすることもできない状況になっていました。その後は、私に解決方法が見つからないまま、時間だけが過ぎてしまいました。そんな時に、セミナーの先生のお話を聞くことができました。

先生のご講演の中で、先生が奥様に謝られたとお聞きしたときに、「自分にはこの方法しかない」と思いました。また、先生は、そのお話の続きに、「道徳は実行しなければならない」とお話ししていただきました。

その翌日の十六日に彼女の家に訪問して、玄関で土下座して謝罪してきました。私の頭の中は、恥ずかしい思いでいっぱいでしたが……。

三日後に、彼女のほうから「言い過ぎてすみません。続けて仕事をさせてください」と、報告してくれました。このときは本当にうれしく、彼女と握手することもできました。

これも、先生が、あのセミナーで、あのお話をしていただきましたことにより、解決できたことと感謝しております。普段、彼女に対して空気のように、本当は大切な人なのに、いてくれて当たり前と私が思い上がっていたために、暴言を吐いたのが原因でした。

先生は、こうも話してくださいました。「〇〇〇長と肩書きをもつ責任者こそ、下働きの仕事をするように」と。これを頭に叩《たた》き込んで、今後の仕事に邁進《まいしん》いたします。

長々と拙《つたな》い経験を書いて申し訳ございません。ただあのご講演により救われたことに対し、お礼をさせていただきたく、乱筆・乱文とはわかりつつ、ペンを執りました。最後まで読んでいただきありがとうございました。先生が深々とされたお礼のお姿を決して忘れないよう、また、モノマネと言われてでも、自分も実行できるよう、頑張らせていただきます。

先生もお元気でご活躍されますことをお祈りいたします。

今後とも、ご指導、ご鞭撻《べんたつ》いただきますよう、よろしくお願いいたします。

敬具

私たちは講演会などですばらしいお話を聞くことがありますが、いくらよい話を聞いても、聞いただけでは決してよい結果にはなりません。

この方がすぐに実行されたからこそ、すばらしい結果が現れたように、道徳は実行することこそが大切なのです。

誰もが幸福を求めている

人間はみな、誰もが幸福を願っています。日本中、世界中のすべての人々は、安心のできる、幸福なる人生を求めて努力し、歩んでいるのではないかと思います。私自身、十代の頃から、人生の安心の道を絶えず求めて歩んでまいりました。

ひと言で幸福といっても、価値観は人によって異なり、さまざまな状態があり、個人差があると思います。それは当然のことであり、一つのものにまとめることはできません。それでも、すべての人が幸福を望んでいるということだけは事実であると思います。

一般的に人生において物と金があれば幸福と思っている人が多いのですが、たしかにそれらも大切なことですが、物や金では買えないものがあります。それが心であり、安心であります。

経営の神様といわれた松下幸之助さんは、「人はみな幸福になるようにできている」と言われています。ただし、「心の法則を守っていただくことが必要である」と条件をつけられています。心の法則とは、素直な心になるための法則のことで、私は、作家・吉川英治《えいじ》先生がおっしゃった「我以外皆師也」という態度が一番当てはまるのではないかと思っています。自分の周りの人々が皆先生であるというのですから、自分は謙虚で、素直な心にならざるを得ないと思うのです。

心の道

心の道は、大きく二つに分けられると思います。一つは、自己中心の自我の道、これは不幸の道であると思います。いま一つは、思いやりの道、絶えず相手の立場になって行動する道、これを謙虚の道といいます。

いくら第一の道で努力しても、結局、コンクリートに種を蒔《ま》くような状態で、実りはありません。第二の心で、温かい思いやりの心を持って、「我以外皆師也」の心で努力すれば、必ずすばらしい運命と人生が待っているでしょう。

また、第二の道は、人生の出会いを大切にする道、ご恩返しの道であるともいえます。この世に生を授けてくれた親の恩、学校や社会でお世話になった先生や先輩をはじめ多くの方々の恩、これらのご恩を忘れては真の幸福はないように思います。

幸福の道は自然の恩恵に感謝して、すべての恩人に対してご恩返しのまね事をすることからはじめていくことが大切です。自然の恩恵をはじめ、これらの恩を忘れることは、人の道をはずれることにつながっていきます。

さて、幸福とは目に見えないものであるともいわれていますが、それは心の状態であるからです。手のひらに心を乗せてくださいといっても乗せるわけにはいきません。心は目には見えませんが、この目には見えない心ほど、人生を大きく左右する大切なものはないと思います。

人生の道は、人それぞれ自由ではありますが、心の道を誤ると、自分のみならず、周りの多くの方々を不幸にしてしまう場合が多いのです。特にリーダーが道を間違えたばかりに、多くの人々の人生を狂わせているケースは枚挙に暇《いとま》がありません。

リーダーの八つの指針

そこで、私が普段から心がけているリーダーのあるべき姿、八項目を箇条書きにしてみます。

一、一切の欠点、短所を言わず、思わず（相手の傷口にさわらぬこと）。
二、低い、優しい、粘り強い心となる（十人の上に立つときは十人の一番下の心となる）。
三、愚痴を言わない（これから良くなることを考えよ）。

四、人を引き立てる（人にまかせて、ほめて激励せよ）。
五、よく気付く人になる（いま一度会いたい人になる）。
六、困ったことがあれば、飛び上がって喜ぶ（反省して頑張る、道が開ける）。
七、何をするにも喜んで足を運ぶ（道が開ける）。
八、人生は幸せになるようにできている（心の法則を守る）。

いかがでしょうか。このように、上に立つ人の心が変われば、その組織のメンバーの心にも影響を及ぼすようになるのです。リーダーの心づかいがいかに大切かが分かります。

個々の人の心が変われば、その人の人生が変わります。人間は何をおいても、まずよい心で努力することが大切なことではないでしょうか。それには、まず心の道の先生を生涯持ち続け、勉強することが絶対に必要です。私も若いときから座禅を組んだり、モラロジーによる道徳の勉強を生涯学習として続けております。

また、「商売はもうかるようにできている」「人生は幸せになるようにできている」ともいわれます。人間は「生きている」のではなく、天地自然に「生かされている」

のですから、天地自然の法則に従った心づかいをすることが肝要です。つまり、経営においても、道徳と経済が一体となった経営が大切なのです。

私たちは、まず、できるところから実行して、地域の良きモデル経営者となるよう、お互いに頑張りたいものです。

お得意さんからモラロジーとのご縁をいただく

昭和四十六年、私が三十七歳のある日のことです。

私どもの会社のお得意さんの青木正次さんが菓子折を持ってやって来て、「ご恩になったマルエイさんを差し置いて、一部をよそから購入して申し訳なかった。もう一度すべてのお取引きをお願いしたい」と言われたのです。

普通、お客様に対して謝りに行くことはよくあります。けれども仕入先である私どもに対して、よそから仕入れて申し訳なかったと謝りに来るお客様は、そうそうあることではありません。驚いた私は、「あなたはどのような勉強をされたのですか」と尋ねました。

するとと青木さんは、「モラロジーという最高道徳を実行するための教えがあって、このたび私は瑞浪《みずなみ》で二週間のモラロジーの講座を受講させていただきました。澤田さんがぜひこのモラロジーを勉強していただけるようにずっと祈り続けてまいりました」と話され、モラロジーについていろいろと説明してくださいました。

その話をうかがっているうちに私は、まるで百ボルトの電流がショートしたような衝撃を受け、胸がじんじんと熱くなり、〝このようなすばらしい学問が日本にあったのか、これが私の求めていた道だ〟と思ったのです。

モラロジーの学問に最初のご縁を作っていただいた大恩人である故青木正次氏

青木さんは、お父上の代からモラロジーを勉強されていて、非常に開発力のある方でした。ご自身が入院されているときでさえも、医師や看護士、他の患者さんたちを開発しておられました。

私とモラロジーを結びつけてくださった大恩人・青木正次さんは、平成十三年に逝去されました。このたび私が生涯学習本部長を拝命するに際しても、その墓前に額《ぬか》ずき、どうかお守りくださいとお願い申し上げました。

男泣きした淡海での一週間

淡海農業修錬所でのモラロジーの講座

青木さんの勧めで、さっそく私は、当時のモラロジー研究所の淡海《たんかい》農業修錬所（滋賀県安土町）で一週間の研修を受けることにしました。

淡海でのモラロジー講座の一週間は、感動、感激の連続で、男泣きに泣いて勉強しました。それまでの自分がいかに自我のかたまりであったかに気づいたからなのです。

「今までの自分の人生は、あまりにも自己中心的で、将来の出世のことばかり考えてきた。なんと無駄なこと、くだらないことをやってきたのか。まるでコンクリートの上に種を蒔くようなことをしてきたなぁ……」

私は人生の基本的価値が何であるかを学び、喜びの反省ができたことがうれしくてたまりませんでした。

当時、淡海農業修錬所の主事代理を務めておられたのが水野修市先生でしたが、私はその水野先生に向かって、「こんな偉大な学問が日本にあるのに、なぜ日本人が不幸になっていくのですか。文部省（現文部科学省）の教科書に、道徳教育をしっかり取り入れてもらい、みんなが幸せになったらいいじゃないですか」と、声を荒げて尋ねたくらい、ずいぶんと興奮していたのです。

淡海でお世話になった服部清成先生（中央）と、伏見弥三雄主任（左）と私（昭和46年自宅にて）

その研修から戻った私は、まず妻の前で頭を低くして、「今まで勝手を言ってほんとうにすまなかった。これからは君の言うことを聞くから許してくれ」と詫びたのです。すると妻は「お父さんは頭がおかしくなった」とたいへん驚いておりました。なにしろ、それまでの私は、妻には「黙ってついてこい」というタイプだったのです。

その後私は、このようにモラロジーの教えに出会えたこと自体が、ご先祖様の余徳であると感じるようになりました。

至誠天に通ず

淡海農業修錬所の講座を受講したのは昭和四十六年の夏のことです。

私は、すぐその秋に、千葉県柏市のモラロジー研究所の本部講座を受講したいと思い立ち、現在㈱マルエイ会長である兄に、「どうしても千葉に行かせてほしい」と話しました。すると兄から「この間、淡海に一週間行ったばかりでまた出かけるとは、何を寝ぼけたことを言っとるか」と言われたのです。たしかに兄の気持ちもよく分かります。

しかし、どうしても本部講座に行きたい私は、とうとう兄の前で土下座をして、「行かせてください」とお願いしました。そのとき、私の二つの眼からは、滝のように涙が溢れ出たのです。それを見て驚いた兄は、「おまえ、泣いてまで勉強したいんか。そこまで言うなら行ってこい」と言って許してくれたのです。私はまた、うれしくてうれしくて泣きました。

今、振り返ってみれば、このとき、私の眼から自然に溢れ出て頬《ほお》を伝わった涙は、神様が流してくださったものであると思っております。まさに、至誠が天に通じたのです。

廣池千太郎先生との思い出

こうして私は、昭和四十六年の秋、モラロジー研究所の本部講座に行くことになったのですが、そのとき、地元のモラロジー事務所の代表世話人・伏見弥三雄氏ほかの先輩たちが、五、六人同行受講してくださいました。あとで聞いた話ですが、「あなたが偉いからついていったのではないよ。あなたが本部で何をするか分からんから、心配でついていったんだよ」ということでした。

二週間の講座中は感激の連続でした。終わりの三日目ぐらいから、興奮して眠れない夜が続きました。講義に立つ講師一人ひとりが真剣勝負でしたし、寮生活でもさまざまな感動を得ることができました。そして、何よりも自分自身の内面が変化していくことを、強く感じたのです。

私は受講最後の晩、消灯後の暗やみの中、廣池千太郎《ひろいけせんたろう》所長（第三代理事長。当時は所長と呼ばれていました）に、「ぜひとも面談させていただきたい」と、手紙を書きました。

翌日のお昼に講座の全日程が終了し、当時の木造の事務室に行くと、幹部であった小山政男先生と松浦香先生が、「岐阜には、たまに変わった人が出てくるなぁ。会わせてあげたらどうか」と話されている声が私の耳に飛び込んできたのです。私は〝しめた！〟と思い、このときもまた、〝至誠天に通ずる〟と感じたわけです。

麗澤館《れいたくかん》に案内されて、そこで廣池千太郎所長に初めてお目にかかり、約三十分ほどの間でしたが、話したいことがたくさんあった私は、続けざまにしゃべりました。

私が申し上げたのは、次のようなことです。

「モラロジーがこんなにもすばらしい学問なのに、その学問を支えている維持員の数が六万人というのはどういうことなのでしょうか。日本の国に、このようなすばらしい学問があることを、今までの私は知りませんでした。もっと廣池所長が頑張られて、二十万人、三十万人の維持員をつくらなければダメではないですか。何か広め方が間違っているのではないですか。私は廣池所長のカバン持ちをして、北海道から九州までお供させていただきます。そして一人の維持員が一人の維持員もつくらないのならば、その人には辞《や》めてもらうべきです」とお話ししたわけです。そのときは真剣に、そのように思ったのです。

三十分ほどたったとき、廣池千太郎所長は、「この人は新幹線みたいな人ですなぁ。わっはっは」、そう笑われながらおっしゃられた姿を今でも忘れることができません。

こうして私は、その後、十年間続けて、毎年二回、モラロジーの講座（柏・瑞浪）を受講して勉強しました。

モラロジーの本部講座受講中、何度も足を運んだ雑司ヶ谷の廣池千九郎博士の墓地
（現在は千葉県柏市の廣池学園内にあります）

私の人生はこの教えによって、大きく変わりました。私が受講のため会社にいないほうが、社員の皆さんが頑張ってくれたというようなことが何度もありました。私の留守を守ってくれたのは、会長である兄とともに、

多くのマルエイの社員たちなのです。ただただ感謝あるのみです。

モラロジーの講座受講中、中曽根康弘氏に手紙を書く

昭和五十五年十月のことです。

私がモラロジー研究所本部の講座を受講中、中曽根康弘氏に一通のお手紙を出させていただいたことがございます。かねてから私が地元でご縁をいただいていた武藤嘉《か》文《ぶん》氏（衆議院議員）を通して、中曽根康弘氏には何度かお目にかからせていただくことがございました。

当時の中曽根氏は、まだ総理大臣になられる前で、「政界の風見鶏《かざみどり》」と揶揄《やゆ》されておりました。モラロジーの講座を受講中だった私は、日本のためにいてもたってもいられなくなり、畏《おそ》れ多くも中曽根氏に、「どうか無の心になって先輩政治家を立てていただきたい」という旨のお手紙を書いたのです。そして、その手紙を持って廣池千九郎《ちくろう》博士の墓前で〝どうか私の心が通じますように〟と祈り、さらに更生館で祈り、食堂前の赤いポストの前で祈ってから投函しました。

それから一、二か月が経った頃、中曽根氏からお返事のお手紙を頂戴しました。私は、廣池千九郎博士のモラロジーの教えが中曽根氏の心に通じたことを知り、胸がじんじんと熱くなってきました。私の進言をご本人はたいそう喜んでくださいました。このことが、のちに総理大臣になっていただいたことに微力ながらお役に立てたのではないかと内心自負いたしております。

私は、決して字は上手ではありませんが、字の上手、下手ではなく、こちらが真剣な心で、真心を込め至誠でいれば、必ず相手に通じるということを体験した次第です。

中曽根康弘元総理と
（昭和63年「岐阜グランドホテル」にて）

中曽根氏は、早くから総裁候補として名が挙がりながら、三木総理、福田総理、大平総理、鈴木総理に先を譲って党内のコンセンサスが得られるまで、根気よく待たれました。

その甲斐あって、私が手紙を差し上げてから二年後の、昭和五十七年十一月、みごとに自由民主党総裁選に圧勝し、昭和六十二年十一月まで首相を務められ、日本のために尽力され大活躍されたことは、改めて申すまでもございません。

国会議員をお辞めになられた現在でも、世界平和研究所会長やその他の要職に就かれ、国際社会のために汗を流し、光輝いておられます。

人づくりこそ経営の根幹

私は、昭和三十一年からLPガス業界にお世話になり、今日を迎えておりますが、その間、実にさまざまなことがありました。おかげさまで、正眼寺の故梶浦逸外《かじうらいつがい》老師から教わった「困ったことがあったら飛び上がって喜ぶ」、つまり「ピンチはチャンス」と思うことで、数多くの試練も無事に乗り越えることができたのです。

昭和四十六年、三十七歳のときに出会ったモラロジーにおいても、「盛時には驕《おご》らず衰時には悲しまず」(『最高道徳の格言』モラロジー研究所刊)と教えていただいております。

今、思い起こしてみますと、一つひとつの試練が、すべて私を育ててくれた肥《こ》やしになっていると、すべての試練に感謝しております。

また、私はよく、「仕入先もお客様も神様であり、そのお世話をしていただくのが〝宝〟である社員である」と言っております。どんな会社でも社長一人では何もできません。多くの仕入先やお客様に支えられていることに感謝し、社員の皆さんのおかげだということを、決して忘れてはいけないと思っています。

その〝宝〟である社員を幸せにするためにはどうしたらよいでしょうか。

廣池千九郎博士が、かつて大阪の㈱十川《とがわ》ゴムの創業者・十川《そがわ》栄氏に、「物をつくる工場ではつまらない。人間をつくる工場でないといけない」と指導されたように、まさに人づくりこそが企業経営の原点だということです。

「人づくり」といっても、決して自己中心の人間をつくることではありません。自分の会社を、「世界・国家・郷土に感謝して、親孝行、先祖供養をしてくれる人間をつくる道場」と位置づけ、まね事でもいいから、社員たちが「親孝行と先祖供養」の実践ができるように取り組むことが大切なことではないかと思います。私たちが今日存在するのは、何よりもご先祖様のおかげですから、人間として、親孝行と先祖供養は最も大切なことであると言えるでしょう。

また、世界に、国家に、郷土に感謝する心で、お客様のニーズにお応えすることが、繁栄の道につながることになると思います。

親孝行強化月間

今日、マルエイグループの年中行事の柱として定着したのが、毎年四月の「親孝行強化月間」です。

この時期、グループ内の各社から、全社員に親孝行の動機づけとして五千円が渡されます。

私が思うに、花一輪でもハンカチ一枚でもご両親にプレゼントしてくれればいいのです。まずご両親に対する感謝の気持ちを持ち、それを実際に行動に起こすことが、人間としてとても大切なことだと思います。

全社員から「親孝行強化月間」の感想文を提出してもらっていますが、その感想文の中から一部をご紹介させていただきます。

「初めて親孝行月間を体験し、素直にうれしい気持ちになりました。父と母はプレゼントを渡したとき、『いいよ、いいよ』と遠慮していましたが、すごく喜んでいました。この機会をキッカケに親孝行について考えることができたと思います。初給料では母の日に花を買いました。父にも何か渡したいと思います。いい行事だと思います。ありがとうございました」（女性社員）

「休日に両親のお墓に花と父の好物の酒を供えてお参りしました。久しぶりに両親が生きていた頃の懐かしいことを思い出し感慨に浸りました」（男性社員）

「今まで一人でプレゼントをしていましたが、先日兄からなぜ父の誕生日でもないのにプレゼントをするのかと聞かれ、親孝行強化月間の話となり、それなら皆で何かをやろうと、急遽《きゅうきょ》きょうだいが集まりプレゼントができました。これからもきょうだい仲良く親孝行していきたいと思います」（女性社員）

（社内報『マルエイ』〈平成十三年八月発行〉「第八回親孝行月間感想文」より抜粋）

こうした行事を通して、少しでも親孝行の心ができ、その心でもってお客様や仕入先のご要望やニーズに応えてもらえれば、必ず会社は発展していくのです。

両親の写真を身につける

私の父は昭和三十三年、私たちが結婚する二か月前に、母は、昭和四十八年、私がモラロジーの勉強を始めてまもなく、この世を去りました。けれども私は、両親はいつも、私のことを見守ってくれていると思っています。それは、私が両親の写真をいつも名刺入れに入れて携帯し、身につけているからです。そうすることで、〝みんなが仲良くしなさい、体に気をつけなさい、そして企業は決して大きくしなくてもいいから続けていってほしい〟という両親の願いが、常に伝わってくるわけです。

長年、会社の机の上に置いている両親と田口名誉会長の写真

私は、わが社の社員にも、両親の写真を常に携帯することを勧めてまいりました。

そして、新入社員の入社式には必ず、新入社員の親御《おやご》さんにご参加いただいております。その入社式では、私どもの企業を、多くの企業の中から選んでくださったことへの御礼とともに、「わが社は親孝行、先祖供養をする人間をつくる道場」であることをはっきりと申し上げています。

また私は、「当社では高校や大学のくれる卒業証書はいりません。ご両親からいただいたその体だけで十分ですよ」とも言っています。つまり、どんなに立派な学校を出ようが関係なく、社員のこれからの努力に期待しているわけです。

全社員の先祖供養

毎年十月十日、マルエイグループでは、朝七時より、幹部と社員の代表百余名と来賓を迎えて、グループの慰霊祭と感謝祭を実施しています。マルエイグループの会長である兄が祭主となり、現役の時に亡くなられた社員の方々をはじめ、かつて会社を支えくださった方々の慰霊祭と感謝祭を行って、すでに三十年近く続いています。これはグループの永遠の繁栄のために大切な行事です。

本社の近くにある澤田家の菩提寺・正嚴寺《しょうごんじ》の山門近くに建てた慰霊塔の前に集合し、第二十五代の石井博住職様の心からの読経で始まります。その後本堂で、全社員の先祖供養をします。

一緒に働けるというのは因縁ですし、親孝行と先祖供養は人間としての根本ですから、それを実践することで社員が本当に幸せになります。企業のトップは、社員一人ひとりが幸せになるために存在するのだということを認識するべきで、そのことは社員の親・祖先を大切に思うというところから出発すべきことだと思っています。

14年前に新しくなった澤田家の菩提寺“正嚴寺”
300年余りの伝統の寺

菩提寺を見れば、その一族の姿が分かると言われておりますように、菩提寺を守っていくのは檀家の大切な役目です。十五年ほど前に兄が委員長となって本堂、客殿、参集殿の建て替えをさせていただきました。四、五代前からの住職さんの願いでもありましたので、石井住職にたいへん喜んでいただきました。私ども檀家の者も、同じく感動いたしました。

私も兄の補佐役の立場で、建設委員会の皆さんと総力を挙げて頑張りました。続けて、鐘つき堂の修繕と山門の新築を発願し、平成十五年の三月に立派に完成いたしました。

坊主頭のわけ

私が最初に髪の毛を刈って丸坊主にしたのは、今からさかのぼること四十年前、三十歳のときのことです。ある勉強会に出席した私は、講師として招かれた西濃運輸の田口利八名誉会長から、次の言葉を耳にしたのです。

「私の頭が坊主頭なのは、自分がまだまだ未完であるという自覚の象徴です。わしは一人前になったら髪の毛を生やすつもりだが、まだ一人前にはなれんで……。

今日の西濃運輸が築けたのも、母親のおかげや。母親は、わしを育てるときに茶を断って、白湯《さゆ》で通した。立派な人間になってくれと、いつもそう言って育て

社会人となった20歳頃の私

最初に丸坊主になった30歳頃の私

てくれた。しかしその母親は四十二歳で亡くなってしまった。今日の西濃運輸は私がつくったんやない。母親のおかげや。だから何かあるときには、長野県の木曾福島の母親のお墓の前で相談してからやる」と、涙をぽろぽろと流しながら話されたわけです。その光景は今でも忘れられません。

この田口会長の言葉を聞いて感激した私は、〝こんなにも立派な田口名誉会長が丸坊主にされているのに、私のような未熟者が髪を伸ばしている。とんでもないことだ。よし！　私も坊主頭で頑張ろう〟と、そう心に誓い、ばっさりと切ったわけです。

妻は「そんな頭にするのはやめて」と猛反対しましたが、勇気を出して信念にて実行したのです。爾来《じらい》、今日までの四十年間、田口名誉会長の真似をさせていただいております。

かつて『日本経済新聞』「私の履歴書」のコーナーに、

田口名誉会長の人生が連載されました。その記念すべき第一回目（昭和四十八年六月）の記事「初心――坊主頭は未完の象徴」の中で、私が田口名誉会長の坊主頭を真似ていることを、次のように記していただいたのです。

「坊主頭を他人にすすめる気は毛頭ないのだが、数年前同じ岐阜県内で妙な経営者が出てきた。豊かな長髪を切って『すべて田口流にならう』というのである。丸栄プロパン（現マルエイ）の副社長澤田栄作君である。それまでは一面識もなかったのだが、連絡をもらって以来、十年の知己のようになった。あけっぴろげな快男児である。事業も順調なようだし、武骨な頭かたちであるが真似されて悪い気はしないものだ」

田口名誉会長と私

その田口名誉会長は、昭和五十七年七月二十八日、七十四歳で逝去され、すでに二十余年の歳月が流れました。今も私は年に四、五回、田口名誉会長の墓前でいろいろとご報告させていただいております。すると生前の田口名誉会長の「澤田君、坊主頭になっただけではあかんよ、ますます謙虚になってやってくれ」という声が聞こえてきます。

私は、坊主頭になってからの四十年間、必ず十日に一度、理髪店に行って髪を刈っております。そこで大きな鏡に映った自分の頭を眺めながら、〝まだまだ一人前になれないなぁ。頑張らなければ！〟と自分にいつも言い聞かせているのです。

謙虚な心で現場主義に徹する

私の座右の銘は、先にも記しました「我以外皆師也」という言葉です。

作家の吉川英治さんがおっしゃった言葉ですが、この言葉のとおり、自分以外の誰もが先生であるという謙虚さこそ、経営者が学ぶべき大切なことではないかと思います。

私は、社長に限らず、すべての長は下働き役であると考えております。トップが心を低くして、何事に対しても、「させていただきます」という謙虚な態度となることが、多くの方から信頼と尊敬を受け、物事がうまく運ぶ道でもあります。争いがあったり、部下に不祥事があったら、私の不徳の致すところとして反省する。そこに新しい道が開けるのです。私はモラロジーを学ばせていただき、五十歳を過ぎた頃からそんな思いが強くなってまいりました。

廣池千九郎博士も、

「大事にすれば大事にしてもらえる。天地の法則を頭上に頂いて、『自分はその使用人である』という思いをもって諸事にあたってください」

「十人の上に立つ時は十人の一番下の心、百人の上に立つ時は、百人の一番下の心を理解しなければだめである」

とおっしゃられたそうですが、要するに謙虚になれということです。

また、たとえどのような人であっても、人には良いところが必ずあります。たとえ、悪いところが見えたとしても、〝それは自分にも同じようなところがあるから見えるのだ〟と思い、反省の材料にすればよいのです。特にトップは、往々にして驕りが出てしまいがちですから、常に謙虚な気持ちで何事にも対処することが大切だと私は考えてまいりました。経営者は常に低い謙虚な気持ちを忘れてはなりません。

さて、私が日本一の弁護士として尊敬していた中坊公平さんが「現場に神宿る」とおっしゃっているように、経営者として、現場主義に徹することも極めて大切なことです。

私も、支店、営業所、工場などの現場に足を運び、よく現場を見て、現場の人に「どうやな」と声をかけ、現場の声を聞くことを実践してまいりました。現場の社員も、〝トップが心配してくれているなぁ〟と思い、そのことが、社員の心に火を灯《とも》し、やる気をおこさせることになるのです。トップは常に、低い心、謙虚な心をもって、下働き役に徹し、現場の社員にも感謝して、足を運ぶことだと言えるでしょう。

尊敬する中坊公平氏と（「日本道経会」平成12年度通常総会記念講演にて。平成12年5月12日）

私が西濃運輸㈱の創業者・故田口利八名誉会長からかわいがってもらえたのも、何度も何度も大垣の本社に足を運んだからです。師のもとに足を運ぶということも、極めて大切なことであるといえるでしょう。

「ありがとう」を一日百回

低い、謙虚な気持ちになるためには、まず「ありがとう」という感謝の心を持つことが大切です。

浄土宗を開いた法然上人は、「南無阿弥陀仏」(「南無」とは帰依しますという意味で、つまり、阿弥陀仏様に一切をおまかせいたしますということ)を念仏として唱えるだけで、あらゆる人が救われると説いたわけですが、私は「ありがとう」という言葉だけでも、本当によい世の中になると思っております。

例えば、新幹線に乗るときでも、東京と博多間千七十二キロメートルの建設工事で亡くなられた方々が四百十七名おられるわけで、こうした尊い犠牲があって今があることを決して忘れてはなりません。

新幹線に乗っても「ありがとう」、道を歩いていても「ありがとう」、家内にお茶を持ってきてもらっても「ありがとう」と、無意識に「ありがとう」を一日に百回ぐらい、自然に言えるようになることが大切ではないかと考えています。常時やり続ければ、自然体で言えるようになります。

現在、繁栄している企業や幸せになっている家庭を見てみると、明らかに「ありがとう」という言葉を言っている人が多いのです。ですから、ぜひとも「ありがとう」を、一日百回以上、一年以上続けて実行していただきたいと願っております。すると感謝の心ができ、物事をプラス発想でとらえられ、万物を生成化育する天地の法則に沿うことができます。そして、必ずや自己の運命はよい方向に変わっていきます。

日本一素直な人間になる

私はどの講演会でも、講師として呼ばれたのであれば、まず「こんにちは」と大きな声で挨拶をさせていただきます。多くの場合、会場からの返事は小さいので、私は「大きな声で挨拶すること一つできないで、立派な人生を送ることはできません。また、立派なリーダーにもなれませんよ。もういっぺんやりましょう！」と言って、再び「こんにちは」とやるのです。

さらに講演で必ず話す内容は、いつの日も、共に学ぶ心が大切であるという「共学」

の心と、「日本一のアホな男（女性）をめざしましょう」ということです。

共に学ぶという姿勢は、廣池博士が「最高道徳の実行は独立的なれど、その修養は必ず団体的なるを要す」と述べられたことによります。人間は強そうで弱い存在ですから、一人孤立の状態では利己的に陥りやすく、他の人に対する思いやりとか、自己反省する心にはなりにくくなってしまうからなのです。そして、このことは、なんといってもこれからの生涯学習社会には不可欠な態度であるといえましょう。

また、「日本一のアホ」とは、日本一素直になるということであり、アホになればなるほど、人望ができるということなのです。こちらがアホになれば、絶対に喧嘩《けんか》になることはありません。たとえ業界団体などにおいても、うまくまとまるのです。

しかしながら、これは簡単なようでなかなかできないことです。常に、「我以外皆師也」の低い謙虚な心、感謝の心を持つことを続けていくことが大切です。

足を運ぶと運が開ける

世の中には、なかなか自分で足を運ぶということのできない人がいらっしゃるようですが、自分の選挙区を歩かない政治家が落選するのはあたりまえのことですし、商人も、やはり足を運ぶことから始まると言えるのではないでしょうか。

わが社にもよく、ガス器具メーカーさんが来られますが、見ておりますと、わが社の担当者は足しげく来るメーカーさんから購入しているようです。ガス器具メーカーさんの営業マンが熱心に来るのは、自分のところの商品に絶対の自信と情熱を持っているからだともいえるでしょう。足を運ぶと運が開けるという理由は、そういう意味でもあります。

マルエイグループには九州から東京、仙台まで七十か所の支店と営業所がありますが、私は各所属長に対して、「一軒のお客様を得るためには百枚の名刺を使いなさい」と言います。要するに百回行けということです。わが社の営業マンがお客様を訪問する際、持参する名刺に番号を付けていますので、「この名刺の番号は何や」と相手から尋ねられます。すると、「この番号はお宅の会社の繁栄と幸せを願って足を運んだ回数です。私どもの会社に何かご指示ください」とお願いするわけです。このようにすると、たいていの会社とお取り引きできるようになります。

足を運ぶということは、極めて大切なことであるといえるでしょう。

継続は力なり

私はなんでも、途中で変わるということが嫌いなほうなので、理髪店でもなるべく同じお店に行くようにしております。残念ながら途中で理髪店が商売をやめてしまわれたことがあり、一度だけ変えていますが、あとはずっと同じ理髪店に通っています。坊主頭でも四十年継続すれば、岐阜の経済界で私の坊主頭を知らない人がいないぐらいになっております。イエローハットの鍵山秀三郎相談役の言葉に、「十年偉大なり、二十年畏るべし、三十年にして歴史なる」とありますが、小さなことでもコツコツと続けていくことで、大きな力になるといえるでしょう。

私も心を磨くために、三十年間、一日一度は会社のトイレ掃除をさせていただいています。あくまでトイレ掃除というのは一つのバロメーターですが、一事が万事ということもあります。トイレがきれいかどうかでその会社が分かるのです。私は、全国各地にある支店や営業所の幹部にも、「トイレが汚かったら幹部の資格はありませんよ」と絶えず言っています。

事業でも身体でも、永く続いていくことが大切です。そのためには食欲も事業欲もすべて腹八分目であることが永遠の繁栄への道であり、生涯健康の道であるとも思っています。

恩人を大切にする

私はモラロジーで、恩人を大切にすることを学びました。天地の恵みや国家のご守護はもちろんのこと、これまで受けてきた大小さまざまな恩があり恩人がおられるわけです。そのすべてに対して報いることはなかなかできませんが、それでも、すべてに報いるという気持ちでやってまいりました。

例えば、神戸と大阪の修行時代の会社には四十数年の間、お中元とお歳暮は欠かさずお届けするようにしております。また仲人さんにも盆と正月にはお届けものをするようにしております。年末には仕入先に対してお歳暮を持って回るように努めてまいりました。

私は、理屈抜きで、恩を忘れた人間は、間違いなく不幸になると思っております。

その逆に、恩人を大切にすれば、自然とうまくいくのです。
「驕る平家は久しからず」の言葉のとおり、人間というのは結局、驕ったら潰《つぶ》れてしまうのです。私がこうして四十年間ずっと坊主頭でやってきたのも、常に驕らずに、心を低く、頭を低くするためなのです。「驕る平家は久しからず」の言葉はいつの世にも生きていると思います。

熱意が人を動かす

平成十四年度の日本道経会・第三回通常総会の記念講演に、京セラの創業者、稲盛和夫さんを講師にお呼びしようということになったときのことです。最初、周りには「それは無理だ」という方も多かったのですが、私は、「最初からそういうことを言うのは、戦う前にすでに負けているのだと思います。当たって砕けろという言葉があるように、何事も行動を起こしてみなければ始まりません」と申し上げました。

案の定、最初に京都まで足を運んだときは、「とてもとても」と秘書に断られました。そのことは始めから承知しておりました。私は「稲盛さんの返事をもらうまで来ます。

日本道経会平成14年度通常総会が、十川照延会長を中心に名古屋で盛大に行われた時、講師の稲盛和夫京セラ㈱名誉会長（前列左から２人目）と廣池幹堂㈶モラロジー研究所理事長（前列中央）を囲んで

十回、二十回、京都に通います」と話すと、秘書の方も呆《あき》れていました。私は真心を込めたお手紙も出しました。そして足を運んでちょうど四回目に、秘書室長の太田さんからお電話をいただきました。

「稲盛名誉会長は、『澤田さんの熱意に負けた。行く決意をしました』と申しております」と言っていただきました。

私はその言葉を聞いたとき、思わず涙が出てきました。私はさっそく、京都の京セラ本社の太田秘書室長のところに行ってひざまずき、「ありがとうございました。私も頑張ったけれども、あなたも頑張ってくれましたね」とお礼を言いました。

人を動かすのは熱意です。足を運べば運が開けるのです。

意見は出すが、決定したことには喜んで従う

現在、私は業界やモラロジーの関係で、さまざまな役職をさせていただいております。業界のリーダーとして、岐阜県プロパン保安センター協同組合理事長、岐阜県LPガス卸売協会会長、㈳全国エルピーガス卸売協会副会長など、さまざまな役職を務めるとともに、㈶モラロジー研究所の常務理事と社会教育講師、日本道経会副会長、さらに岐阜県モラロジー経済同友会常任相談役などのモラロジー団体の役職も数多く務めさせていただき、さらにこのたび、モラロジー研究所生涯学習本部長を拝命いたしました。

こうしたさまざまな会合に出席させていただく中で、言うべきことはきちんと言わせていただいております。しかしながら、一度決定したことには、心から喜んで従うということが大切であると思っています。

モラロジーにおいては、「伝統に対して絶対服従」と教えていただきますが、その真の意味は、決して盲従せよというのではなく、意見は十分に述べるのがよろしいが、

一度決定したことに対しては、心からそれに服従することが大切であるということだと思っております。

また、他人に責任転嫁することがあまりにも多いこのごろですが、モラロジーで「他人の欠点我これを補充す」と教えていただいているように、他人の欠点は自分がカバーするという気持ちが大事です。

私たちは、他人に変わってもらいたいと思っているうちは苦しいのです。誰だれが悪いと他人のせいにしている限り、何も変わりませんし、事実、思っているだけではなんの変化もないのです。

私が、〝悩みや苦しみの原因は自分であり、すべて自分が変わらなければだめなのだ〟と考えられるようになったのも、すべてモラロジーのおかげです。「みんな私が悪かった」「すべての人に対する私の感謝の心が足りなかった」「ありがたい」という考え方になって実行しただけでも、すべてうまくいくようになります。

よいことがあったら親・祖先のおかげであり、部下のおかげ。悪いことがあったら、私の不徳であると反省する考えが人生において最も大切だと思っています。

私の祈りの人生——神仏を敬う

岐阜県のモラロジー会員の人口密度が日本で一番高いというのは、非常に信仰心が厚い土地柄であるということも関係があるのではないでしょうか。その信仰心がないと、モラロジーも分かったようで分からないということになります。

岐阜県は、特に戦国時代においては、関ヶ原の戦いをはじめ、たいへん多くの犠牲者を出しております。私は、その方々の霊を弔《とむら》うという考え方が大切だと思っています。

私どもの会社の元の郡上支店（現在の丸栄石油給油所）の隣に、郡上の金森・青山藩の罪人の処刑場跡がありますが、三十年ほど前までは誰もお参りする人がありませんでした。処刑され無縁仏になっておられる方も多くありますので、私は、会社の理解を得て、毎年八月のお盆前に八幡町の代表の方々や地元の皆さんにも多数参加していただき、八幡町の願蓮寺のご住職さんに来ていただいて供養会をさせていただいております。私も祭主のまね事をして、実行しているところです。そして今後も、岐阜県の発展を願い続けて実行したいと思い、感謝しつつ、やらせていただこうと思っています。なお、郡上の罪人の処刑場は、近年、『郡上一揆』というタイトルで映画化された宝暦四年（一七五四）の農民一揆の際にも、多数の農民の処刑者が出たところでもあります。

吉野神社本殿改築の起工式での記念写真

人は強そうで弱い存在ですから、このような祈りの心を持つことが、安心の人生、安心の経営につながると思っています。

さて、私は、昭和三十三年に岐阜市野一色から北一色という所に分家として住むようになり、四十五年になりますが、北一色の氏神様である吉野神社はたいへん古いお宮様で、私は十八年近く毎日参拝させていただいております。本殿がたいへん古くなっていますので、神社総代そして奉賛会を中心に北一色の住人の心ある方によって建て替えをし、立派な本殿ができ、平成十四年十一月末に立派に完成いたしました。

氏神様を見ればその地域が分かると言われています

が、ぜひ皆さまも地元の氏神様には参拝していただき、できる限りのご奉仕をさせていただくことが、安心の人生を送ることができる要《かなめ》であると思います。

家庭円満の秘訣

人生は家庭なくしてあり得ないことは、誰しもご承知のとおりです。家庭のおかげで、各々の人生があるわけですが、特に男性の場合、私を含めて、妻に対する感謝の心が、往々にして足りないのではないかと思われます。

私の場合、毎月一回、「感謝の日」をつくって、妻と谷汲山《たにぐみさん》華厳寺《けごんじ》（岐阜県揖斐郡揖斐川町谷汲）にお参りし、その帰りには妻の好きなものを食べてもらうことを二十数年来続けています。

平成13年夏に北海道小樽にて

私は、夫婦が仲良くなるためのコツを尋ねられると、男性に対しては、毎日一時間、奥さんの言うことを聴くように勧めています。奥様は「おかみさん」、つまり神様に「お」がついた人ですから、奥さんの声は神様の声なのです。

一方、女性に対しては、夫に自由に好きなことをやらせるように勧めています。というのも、不思議なことに、奥さんから「好きなことやっていいわよ」と言われると、夫のほうは好き勝手ができないものなのです。

それから、よく女性の中には、自分の子どもに向かって、「間違ってもうちの父ちゃんみたいになったらあかんよ」と言う方がありますが、それは絶対に間違っています。もちろん、どのような男であっても欠点はありますが、それでも仲良くやるのがよい家庭や子どもを育てる原点なのです。

同業者に感謝する

自分もよく、相手もよく、第三者たる社会全体もよいとする「三方よし」を実現するために、私がよく言うのは、「同業者には感謝しなさい」ということです。

私たちは、ややもするとライバルに対して批判したり、相手の足を引っ張ったりということになりますが、私は、「三方よし」の原点を大切にし、ライバルには感謝することが大切であると思っています。私どもマルエイも県内のライバル企業に対して、感謝しつつ切磋琢磨《せっさたくま》することで、お互いに成長してきたわけです。

たとえば、仮に岐阜県中のガスを私どもの会社が供給しなさいと言われても、それは無理な話で、供給不能に陥り私どもの会社も成り立たなくなってしまいます。同業者がいてくれるから各々の地区にガスの供給をしていただける。同業者があってこそわが社が成り立っていると言えるのです。

数年前、北海道でガソリンスタンドを経営しているMさんという方から、私に相談がありました。

先代であるお父様が急逝し、商売を続けようか、いっそのことやめようか、ずいぶんと迷ったということです。私が、「お父さんの心を心としたら、お父さんは今やめてくれとは願っておられないでしょう。人間は強そうで弱いから、毎日、氏神様にお参りしなさい。また毎日、お父さんのお墓にお参りに行きなさい。そして、北海道にガソリンスタンドが一つもなくなったら、あなたも最後にやめたらどうですか」と助言したところ、その通りに頑張られ、見事に経営されています。

Mさんよりその後、「真向かいに倍の規模と近代設備を整えた大手が直営するガソリンスタンドができるので、これは死活問題です。どうしたらよいでしょうか」と相談を受けました。

私は、「先方の開店日にお酒を持って、『おめでとうございます』とお祝いに行きなさい」と言いました。本人は「どうして敵ができたのにお祝いに行かなければいけないのですか」と言うので、「これも何かの縁だから、同業者とは仲良くやる。友だちが来たと思って、心を尽くして、いい意味での競争をしてください」と話したのです。

Mさんは、自暴自棄《じぼうじき》になる気持ちを抑えて素直に実行されました。

すると二、三年後、そのスタンドが、もう撤退するから、あなたのほうで買ってくれないか、無理なら借りてくれないか、と言ってきたのです。

私にまた相談があったので、「相手とよく相談をして、採算が合うようだったらやらせていただきなさい」と言いました。

現在Mさんは、両方のガソリンスタンドを含めて三か所で経営され、モラロジーの教育活動についても、地域のリーダーとして努力されています。

人生最悪の日は人生最高の日

私が社長に就任したのは、平成七年六月からですが、社長の道とひと言で言いましても、長い道、短い道、そして規模の小さい会社、大きくは何万人もの社員を擁する大会社があり、さまざまな社長の道があります。

とはいえ、社長として共通することは、会社の繁栄のために働いていただいている社員を幸せにする大きな義務があるということです。このことは、一家の主《あるじ》である家長にも言えることではないかと思います。

すべての長は下働き役に徹して、心を低くし〝なんでも喜んでさせていただきます〟という心になることが、多くの方から信頼と尊敬を受け、物事がうまく運ぶ道なのです。

争いがあったり、部下に不祥事があれば、すべて私の不徳の致すところとして反省する、そこにこそ新しい道が開けるのです。

経営においても、人生においても、長い年月の間には、なんとも致し方のないときがあるものです。「上り坂」でも「下り坂」でもない、「まさか」という坂です。

マルエイグループも、その「まさか」という坂を経験しました。昭和六十一年五月十七日、三重県四日市の工場で大きなガス爆発事故を起こしたのです。

私は出先で連絡を受け、すぐさま現場に向かうと、工場はまるで爆撃にあったように焼けており、安全弁からはガスが炎となって噴き出していました。上空にはヘリコプターが三機ほど旋回しており、テレビの中継車が五、六台、事故現場を遠巻きにしておりました。この事故は『フォーカス』という有名な写真週刊誌にも取り上げられ、また海外でもニュースとして流れたそうです。

マルエイの四日市支店に到着した私が真っ先に犠牲者と被害状況を確認すると、幸いなことに、市民の犠牲者が一人も出ていないことが分かりました。社員が二人、火傷《やけど》を負いましたが、最終的にはその二人も完治し、一人の犠牲者も出さずに済んだというのは、まさに神仏のご加護があったからであり、まさに奇跡ではないかと思っております。

次に支店長のことが気にかかりました。なぜならば、こうした事故の際には、責任者にかかる心労や負担は、人には分からないほど大きなものがあるからです。

「支店長はどうした？」と尋ねると、「体調を崩して奥で休んでいます」とのことでした。無理もありません。何しろプロパンのボンベが五十本くらい、空高く飛んだ大事故でしたから。

そのような状況の中で私は、事の重大さは十分に受けとめつつ、何度も、何度も、心の中で神仏にお祈りし、「これは神の恩寵《おんちょう》的試練であって、この事故の責任はすべて私の責任である。私の不徳の致すところだ」と思うことができました。また、以前、梶浦逸外老師からご教示いただいた「困ったことがあったら飛び上がって喜ぶ」を実践する場をいただいたのだと思って頑張ったのです。その後の事後処理についても、他人を責めることなく、「いっさい私の責任」というスタンスは絶対に崩しませんでした。

ただ、それまでの私は、保安対策や保安教育は十分にできているだろうと、ただ漠然と思っていただけでした。けれども実際は、恥ずかしながら十分な保安教育をしていたわけではなかったのです。もちろん今では四か月に一度、全国の管理者を集めて保安教育を実施しております。

事後処理のため、幹部社員五十余名を連れて、タオルの粗品を持参し、三日かかって町中を一軒一軒、お詫びに回りました。

しかし、まさにこの事故のおかげでマルエイグループは助かりました。この人生最悪の日は、人生最良の日と変わったのです。

といいますのも、当時、工場をさらに全国に四つから五つぐらい新設するつもりでいたのですが、この事故のおかげで拡大路線にストップをかけることができたのです。ちょうどバブルの時期で、世の中全体がまさにイケイケどんどんの時代でした。わが社のそんな情勢にブレーキを掛けることができたのも、事故を教訓に自分自身を省みれたおかげであり、日頃からモラロジーで、「自己の力以上もしくは力いっぱいの事業をなす人は、最高道徳にていわゆる誠の人ではない」（改訂『廣池千九郎語録』九〇ページ・モラロジー研究所刊）と教えていただいていたおかげなのです。

この四日市の事故の際、当初、三重県の県庁の職員が、「マルエイさん、どえらいことをやってくれたものだ」と、当然のごとく怒ったわけですが、社員が一か月あまり毎日お詫びのために三重県庁に足を運んでくれましたところ、県の態度もがらりと変わり、再建に応援すると言ってくださるようになり、その後ずいぶんとご協力をいただくことができたのです。

事故から十年経ってお礼の挨拶におうかがいしたところ、「ようやったなぁ、マルエイさん」と、当時の担当者が涙を流して言ってくださったのです。ここでも、足を運ぶと運が開けることを、あらためて感じました。また会社にとっても、今では三重県で一番立派な工場が再建できましたので、まさに災いが福となったのであります。

岐阜県モラロジー六十周年記念感謝大会

岐阜県モラロジー60周年記念感謝大会で講演された㈶モラロジー研究所の廣池幹堂理事長

平成六年十月三十日、岐阜県モラロジー六十周年記念感謝大会が開催されましたが、私はその大会の実行委員長を務めさせていただきました。

当日、岐阜メモリアルセンターの会場には、岐阜県内のモラロジーの維持員とその家族を中心に、約四千五百名が集いました。この大会は、岐阜県にモラロジーが入ってからの六十年の歩みを記念したもので、その間の先人・先輩の並々ならぬ至誠なご尽力に感謝する気持ちと、二十一世紀に向けての決意を確認するためのスタートの日としたわけです。

大会のテーマは「学びあい・支えあい」で、まず、私の開会の辞で始まり、国歌斉唱の後、所弥助《ところやすけ》大会会長と、長谷虎治《はせとらじ》大会名誉会長に挨拶をしていただきました。また岐阜県知事・梶原拓氏と、当時の岐阜市長・浅野勇氏からそれぞれ祝辞が述べられました。引き続いて、廣池幹堂《もとたか》理事長に、岐阜県の先人の織田信長の事例などを挙げていただき、歴史に学び、世界に貢献できるモラロジアンになっていただきたいという、力強いお話をいただきました。

続いて「わが町おらが村」と題して、各モラロジー支部の代表が、それぞれの地方の紹介をしたり、特産品抽選会などもしました。

大会後半には、C・C・ガールズという女性四人組の人気グループのコンサートをアトラクションとして開催しました。モラロジーの大会にC・C・ガールズ

廣池幹堂理事長ご夫妻やご先輩方との記念写真。よき思い出です（岐阜県モラロジー60周年記念感謝大会の前夜祭パーティーにて）

は似合わないというご意見も頂戴しましたが、そもそもC・C・ガールズを呼ぶことになったのは、私が岐阜グランドホテルの若手社員を集めて、芸能人のリストを見せて、誰が来ればあなたたちのような若い人たちが来るかを尋ねたところ、「C・C・ガールズが来るのであれば私たちも行く」という意見が圧倒的に多かったからです。

控室で私はC・C・ガールズのメンバーに対して、「うちは道徳の団体だから、道徳的に踊ってくださいよ」と話をしたところ、メンバーはみな、ステージいっぱいに、ほんとうに一生懸命に歌い、踊ってくれたのです。

閉会にあたっては、今大会の大功労者の梅田一彦実行副委員長の力強い感動の言葉で閉会いたしました。こうしてモラロジアンとして、このような会が開催できましたことに、ご来賓の方々をはじめ、裏方でご尽力くださった方々に、深く感謝いたしているところです。

なお、この大会を大きな柱とし、モラロジー教育活動の推進者たる維持員の増強をめざし、各事務所に新たにモラロジー研究所の個人維持員として、人づくり国づくりに協力してくださる仲間を増やすことをお願いした結果、代表世話人さん、参与さんを先頭に、ほとんどの事務所において新たな仲間としての個人維持員が生まれました。

一年間で五百余名でしたが、廣池幹堂理事長にご報告し、お喜びいただき、関係者一同、たいへん感激いたしました。

皇居勤労奉仕

岐阜県岐阜モラロジー支部奉仕団
（平成7年5月22日～25日）

さて、岐阜・西濃地方のモラロジアンを中心に、先人の皆様が皇居の勤労奉仕を実施されるようになって、平成十四年までにすでに三十二回も続けてこられたということは、誠に尊い歴史です。

私も平成六年に奉仕団の副団長として参加し、平成七年には団長として参加させていただきました。団長の時には天皇陛下からもお言葉を頂戴し、たいへん感激したことを覚えています。

前述いたしましたように、私の父も近衛兵として、明治時代に皇居を守る兵隊として参加しておりました。父の話ですと、近衛兵であっても遠くより拝むことしかできなかったとのことでしたので、余計に感無量の感激を得ることができました。すぐお近くで陛下にお会いできるということは夢のようでした。

この皇居奉仕を行うにあたって、この十年来、出発するときと帰って来たときには、岐阜県知事にご挨拶をするのが恒例となっております。モラロジー団体が岐阜県、また国家に感謝する場、国家伝統を思う場として、誠に尊い行事となってまいりました。

平成十四年五月には鷲見武子団長を中心に、岐阜・中濃・東濃の皆さんが参加されました。参加された皆さんが本当に喜んでいただけますので、今後とも末長く実施されることを願っています。

日本の道、世界の道

二十一世紀は心の時代といわれていますが、私はいつの時代でも心の時代であると思っています。その心の時代の心の教育が戦後の日本において、あまりにも軽視されてきたために、今の日本にいろいろとひずみが出ていることは皆さんもよく理解されていることと思います。

新しい世紀がスタートし、日本も世界も、今までの行動を深く反省し、その反省に立って新たな行動をすることが大切だと思います。特に今日の日本の平和と繁栄には、どれほど多くの先人たちの人柱があり、尊い努力と犠牲によって成り立っているかということを思い起こすとき、ただただ頭が下がるのみであります。日本に限らず、世界にも同じことがいえるのではないでしょうか。

二十一世紀は日本が世界をリードすると、アインシュタイン博士が言われたと聞いておりますが、日本にはすばらしい歴史と文化があり、また思いやりの心があります。私は、日本人の「勤勉」と「努力」が世界をリードするものだと信じます。しかし、日本だけではどうにもなりません。世界のそれぞれの国と共生し、いかなることがあっても争いをなくし、心を込めた話し合いで日本も世界も、発展させていくことが大切です。

今、日本は、思い切った大改革が必要です。政治家の皆さんも自我を捨てて、国民と一体となって「小さな政府・大きな国民」をめざしていただきたいと思います。

すべてに感謝と幸福を願い、世界は一つの思いで、日本人の誇りと謙虚な自信を持って、手を取り合って前進すれば、必ず、日本にも世界にも真の発展があると信じております。

求道の半生これからも

思えば、祖先の余徳と申しましょうか、私はこれまで、さまざまな教えとのご縁をいただいたおかげによって、今日があると感謝しております。わが家の宗教は浄土真宗大谷派（東本願寺）です。また、母が「生長の家」で勉強していましたので、「生長の家」の研修を何度か受けたこともございます。その後、長森《ながもり》南にある手力《てぢから》不動尊にも叔母の案内でお参りさせていただきました。

それぞれの教えには、根本において一致するところが多いのですが、そのとき、そのときに、尊いご縁によって、絶えず道を求めていた私に、いろいろな指針をいただくことができました。その後、㈱河安の河瀬吉平様のご縁で美濃加茂市伊深町の正眼寺にお参りし、元巨人軍監督の川上哲治《てつはる》さんとともに座禅をさせていただいたこともございます。

昭和四十六年より青木正次様のご案内でモラロジーの学問にご縁をいただきました。私はこの学問は、一つの人生哲学であり、また人生の水先案内人であると思って取り組んでまいりました。このモラロジーの道に入らせていただき、すでに三十余年の歳月が流れております。

少し古い例かもしれませんが、人気スターで国民栄誉賞も授与された俳優の長谷川一夫さんは、かつて「芝居は奥を極めれば極めるほど難しい」ということをおっしゃっていたそうですが、最近、私もそんな感じが分かるようになってまいりました。モラロジーを学んで勉強すれば勉強するほど、ますます自分が至らない人間だと感じるのです。

「継続は力なり」といわれていますが、まだまだ至らない自分を反省しつつ、すべてに感謝して、「ありがとう」「おかげさま」の心で、これからも求道《ぐどう》の道を続けていく所存でございます。そして、モラロジーにご縁のあった人たちが一人残らず光り輝くよう、また、いきいきわくわくとその活動に邁進していただけるようお手伝いさせていただきたいと念じております。

どうぞ今後とも末永くご指導ご支援のほど、よろしくお願い申し上げます。

最後に、本書が皆さまのこれからの人生に、また事業経営に、少しでもお役に立つことがあれば幸いであります。

感謝

澤田　栄作（さわだ　えいさく）

昭和８年10月６日、岐阜県稲葉郡北長森にて生を享ける。28年、岐阜県立華陽高等学校（現華陽フロンティア高等学校）卒業。

昭和31年、家業の丸栄プロパン瓦斯に就く。41年、丸栄プロパン瓦斯㈱専務取締役副社長。

昭和38年10月、西濃運輸㈱創立者・田口利八名誉会長と出会い、丸坊主人生が始まる。60年、創業百周年記念式典を期して澤田家菩提寺・正嚴寺境内にマルエイグループ慰霊碑を建立。日本ＬＰガス業界の多くの要職に就く。平成元年、マルエイ運輸㈱社長に就任。７年、㈱マルエイ社長に就任。現在は顧問。

昭和46年、青木正次氏によりモラロジーとのご縁をいただき、淡海農業修錬所の講座を受講する。平成６年、岐阜県モラロジー60周年記念感謝大会実行委員長。７年、岐阜県モラロジー皇居奉仕団団長。モラロジー研究所常務理事、同生涯学習本部長を歴任。現在、同研究所顧問、参与、社会教育講師、岐阜県モラロジー経済同友会名誉会長。

また、㈶全国高等学校定時制通信制教育振興会顧問。岐阜県高等学校定時制通信制教育振興会名誉会長。

●生涯学習ブックレット

道徳は実行がいのち――私の求道の半生

平成16年８月16日　初版第１刷発行
平成27年７月10日　　　第４刷発行

著　者　澤田 栄作

発　行　公益財団法人 モラロジー研究所
〒277-8654 千葉県柏市光ヶ丘2-1-1
TEL. 04-7173-3155（出版部）
http://www.moralogy.jp/

発　売　学校法人 廣池学園事業部
〒277-8686 千葉県柏市光ヶ丘2-1-1
TEL. 04-7173-3158

印　刷　株式会社 長正社

ISBN978-4-89639-094-0